www.ingramcontent.com/pod-product-compliance
Lightning Source LLC
Chambersburg PA
CBHW072213170526
45158CB00002BA/573
* 9 7 8 1 0 8 6 9 7 3 0 2 0 *